PE. CHRISTIAN MOREIRA COELHO DE OLIVEIRA
PROFA. WILMA STEAGALL DE TOMMASO



# A GLORIFICAÇÃO DE MARIA EM CORPO E ALMA

COLEÇÃO ESCOLA DE MARIA
22

EDITORA
SANTUÁRIO

**Dados Internacionais de Catalogação na Publicação (CIP) de acordo com ISBD**

O48g Oliveira, Christian Moreira Coelho de

A glorificação de Maria em corpo e alma / Christian Moreira Coelho de Oliveira, Wilma Steagall de Tommaso. - Aparecida : Editora Santuário, 2024.
80 p. ; 14cm x 21cm.

ISBN: 978-65-5527-457-8

1. Religião. 2. Cristianismo. 3. Mariologia. 4. Teologia . 5. Dogma. I. Tommaso, Wilma Steagall de. II. Título.

2024-3081 CDD 240
CDU 24

**Elaborado por Odilio Hilario Moreira Junior - CRB-8/994 9**

**Índice para catálogo sistemático:**
1. Religião : Cristianismo 240
2. Religião : Cristianismo 24

1ª impressão



Rua Pe. Claro Monteiro, 342 – 12570-045 – Aparecida-SP
Tel.: 12 3104-2000 – Televendas: 0800 - 0 16 00 04
www.editorasantuario.com.br
vendas@editorasantuario.com.br

# APRESENTAÇÃO

*"Aurora e esplendor da Igreja triunfante,*
*ela é consolo e esperança para o vosso povo*
*ainda em caminho."*
(Missal Romano)

Este novo livro, da *Coleção Escola de Maria*, tem como temática o curso final da vida terrestre de Nossa Senhora. Os autores, de modo objetivo, traçaram um percurso histórico, bíblico, litúrgico e sistemático sobre o assunto. O *Transitus Mariae* remonta aos primeiros séculos do cristianismo, pois era consenso entre os fiéis que, no decurso da vida terrena de Maria, ela fora elevada ao Céu. A respeito do assunto, observou o mariólogo René Laurentin: "Seu fim é cheio de mistério, como já observava Santo Epifânio. E os gregos usavam fórmulas veladas para exprimir este mistério: eles denominavam 'sono' (*koimesis, dormitio*) ou 'passagem' (*metástasis, transitus*), esta transição pela qual a Mãe de Deus passa da vida terrestre à vida celeste". Trata-se de um Mistério, no sentido mais original, porém, não é um enigma! Como bem dissertou o Pe. Christian Moreira Coelho de Oliveira: "A reflexão e a contemplação de Maria na glória lançam um olhar sobre como o homem é querido e aguardado por Deus em um futuro de glória já iniciado, o que dá uma esperança fundada no caminhar da Igreja, que, em Maria, não só se reconhece na glória, mas a tem como consolo para todo o povo a caminho". E, em sintonia, discorreu a Professora Wilma Tommaso: "A passagem de Maria em corpo e alma ao céu é uma antecipação da ressurreição geral. É a festa da natureza humana: todo crente deve tomar Maria como modelo para alcançar a deificação". Ao tratarmos do assunto, devemos levar em consideração o proposto no n. 298 do Documento de Puebla: "No corpo glorioso de Maria, começa a criação material a ter parte no corpo ressuscitado de Cristo", ou o que exortou o teólogo Frei Clodovis: "A glorificação de Maria em alma e corpo é a exaltação da matéria e da terra integradas no plano da salvação". A Assunção é um vislumbre do nosso futuro, daquilo que nos é reservado. Recomendamos a leitura e o estudo deste livro, pois ele permitirá conhecer, ainda mais, aquela a quem Deus chamou de Mãe.

# 1

# ASSUNÇÃO DE MARIA: O DOGMA E SUA CELEBRAÇÃO

*Pe. Christian Moreira Coelho de Oliveira*

## Introdução

O dogma da Assunção da bem-aventurada Virgem Maria, proclamado por Sua Santidade Pio XII, em novembro de 1950, caracteriza-se por ter sua celebração litúrgica ainda bem no início da vida da Igreja, por volta do século V, em Jerusalém. No entanto, foi o último dogma a ser proclamado. A abordagem do dogma da Assunção, seguindo seu curso de sistematização, ressalta a liturgia como espaço privilegiado da celebração e transmissão da fé. Aliás, as primeiras profissões de Fé surgem no contexto do culto cristão. A Igreja celebra o que crê e crê o que celebra, expresso no antigo adágio "*Lex orandi statuat legem credendi*".

Ao celebrar o destino final da Virgem Santa Maria, descobre-se como Deus cumpriu nela suas promessas. Lança-se um olhar sobre a vida de Maria como mulher, mãe e discípula, que foi acolhendo o desígnio de Deus e avançava na fé. A assunção permite dizer da origem e do fim de Maria, da totalidade de sua vida em plenitude. Este trabalho, ao elucubrar a teologia cristã sobre a Assunção, fará referência sobre a pessoa de Maria e sua presença e união a seu Filho, na história da Salvação, e sua relação com a Igreja, da qual é membro eminente.

O presente texto inicia com uma apresentação do dogma da Assunção, ressaltando as etapas de seu percurso histórico, de seu conteúdo, a partir de sua definição dogmática e os possíveis enfoques teológicos. Estes permitirão perceber a abrangência do significado desta verdade de fé para a antropologia, a escatologia e a eclesiologia. Tal alcance se deve ao seu evento causal que é a Ressurreição-Ascenção de Jesus Cristo. Isto, tendo como referência a releitura da Sagrada Escritura, na comunhão eclesial.

Na sequência, faz-se o exercício de elucidar como o conteúdo do dogma da Assunção, bem como seus enfoques teológicos são acolhidos, celebrados e transmitidos pelos textos rituais celebrativos da Liturgia da Igreja para a Solenidade da Assunção. A ênfase será para alguns elementos da Liturgia das Horas, do Missal Romano e do Lecionário. Aqui, se percorrerá um caminho para descobrir o dogma a partir de sua celebração, na dinâmica "*Lex orandi lex credendi*".

Tal pesquisa foi possível mediante revisão bibliográfica na teologia mariológica e litúrgica. Pretende-se com este livro, ao apresentar Maria, imagem e início da Igreja na glória, ajudar cada pessoa, bem como toda a Igreja, a olhar para Maria e se descobrir como Deus os quer e apresentar, com segura esperança, o futuro com o desfecho em glória do caminhar secular na fé de toda a Igreja.

## Elementos Teológicos do Dogma da Assunção

### *A sistematização da fé na Assunção ao longo da história*

Perscrutando a Sagrada Escritura, pouco se encontra sobre o que sucede à vida da Mãe de Jesus após sua Ressurreição; lê-se, em Jo 19,27, a proclamação da maternidade espiritual de Maria sobre os fiéis no termo de sua acolhida pelo discípulo amado[1]; em At 1,14; 2,1, Lucas apresenta na narrativa da expectativa para o dia de Pentecostes Maria unida aos apóstolos. Assim, a partir da Sagrada Escritura, Maria, após a ressurreição de Jesus, é mãe e membro da comunidade dos discípulos, não apresentando, portanto, informações sobre onde viveu no transcorrer de seus dias e como se deu o término de sua vida aqui na terra[2].

Dos primeiros séculos, não foram encontrados registros sobre o corpo da Virgem de Nazaré. Tem-se acesso há alguns escritos: a obra *Vida de Maria*, de Epifânio, do século VIII, o apócrifo *Trânsito de Maria*, do pseudo-Militão de Sardes, entre o século IV a VIII, e outras tradições[3]. Persistindo e considerando os problemas de datação e da influência das lendas de magia e fantasia na religiosidade destes escritos, pode-se ressaltar pontos em comum sobre Maria: que passou pela morte e, depois do sepultamento, o Filho a ressuscita e então é levada ao céu de corpo e alma[4].

Constata-se até aqui que os fiéis, mesmo não tendo um consenso sobre o término da vida de Maria, celebrava sua glorificação corporal na devoção. Percebe-se a carência de um consenso eclesial sobre tal questão entre os Padres da Igreja. Para Efrém, o corpo virginal não sofreu a corrupção, segundo Epifânio, Maria possuía na carne o Reino[5]. A redação mais antiga, final do século VI e início do VII, que se tem como testemunho é uma homilia do Bispo de Lívia, *Theotoknos*, na qual se afirma a assunção de Maria ao Céu de Corpo e Alma. Elucida fundamentos bíblicos, utiliza do recurso aos privilégios, mas não se isenta de fontes apócrifas[6]. *Theotoknos* baseou-se na teologia grega da graça divinizadora, ressaltando a estreita ligação entre graça, virgindade e santidade, seu corpo não experimentou a corrupção no sepulcro e unido à alma foi pneumatizado[7].

Ocorre sucessivamente o desenvolvimento mais genuíno da doutrina da Assunção, com Modesto de Jerusalém (634); Germano de Constantinopla (733); André de Creta (740), João Damasceno (749), Cosme, o Melodista (746), Teodoro Estudista (826). Destacam-se Germano de Constantinopla, com o argumento de que como o corpo de Maria é virginal e totalmente santo, é impossível que o mesmo sofresse a dissolução ao pó; André de Creta, que argumentou que o corpo de Maria não se decompôs porque seria incompatível com sua maternidade divina, santidade e virgindade; e, por fim, João Damasceno, que, com maior clarividência, argumentou sobre a Assunção de Maria, em três homilias, como consequência dela ser imaculada e mãe de Deus[8].

Assim, esse artigo de fé vai se difundindo e sendo proclamado por todos os fiéis, clérigos e leigos, embora com divergências entre correntes teológicas, tanto na Igreja do Ocidente como do Oriente, por verem dificuldade de dados da Sagrada Escritura e se oporem aos apócrifos[9]. O testemunho mais significativo é a obra do pseudo-Agostinho: *De assumptione beatae Mariae virginis*, que estabeleceu o alicerce teológico da Assunção na Igreja do Ocidente. Argumentando a partir da virgindade, cujo corpo se manteve intacto, e da maternidade, união da carne de Cristo à carne de Maria, conclui-se a íntima união de Maria em Cristo e junto de Cristo[10]. Posteriormente a esta obra, atribuída a Santo Agostino, os teólogos se dispuseram a fundamentar esta verdade de fé manifestada pelo censo popular.

Consoante à unanimidade dos féis na fé na Assunção, começaram a surgir petições à Santa Sé, a partir do século XVIII, para a definição dogmática da Assunção. Em 1944, mais de 70% do Episcopado já havia pedido a proclamação. Em maio de 1946, através da carta encíclica *Deiparae Virginis*, o papa Pio XII, consultou todo o episcopado, perguntando se poderia ser definido o dogma e se eles, juntamente com os fiéis, queriam a definição, à pesquisa a maior parte dos Bispos responderam, às duas questões, positivamente[11].

## A definição dogmática

Assim, o Papa Pio XII, com a Constituição Apostólica *Munificentissimus Deus*, em 1 de novembro de 1950, para a maior glória da Santíssima Trindade, a quem Maria está unida com laços especiais e para o bem dos fiéis, a fim de que possam alcançar maior união com o corpo místico de Cristo, proclamou a definição do dogma da assunção de Nossa Senhora em corpo e alma à glória celeste:

> Pelo que, depois de termos dirigido a Deus repetidas súplicas, e de termos invocado a paz do Espírito de verdade, para a glória de Deus onipotente que à Virgem Maria concedeu a sua especial benevolência, para honra do seu Filho, Rei imortal dos séculos e triunfador do pecado e da morte, para aumento da glória da sua augusta mãe, e para gozo e júbilo de toda a Igreja, com a autoridade de nosso Senhor Jesus Cristo, dos bem-aventurados apóstolos São Pedro e São Paulo e com a nossa, pronunciamos, declaramos e definimos ser dogma divinamente revelado que a Imaculada Mãe de Deus, a sempre Virgem Maria, terminado o curso da vida terrestre, foi assunta em corpo e alma à glória celestial.[12]

O texto da definição parece não entrar na questão sobre a morte natural ou sepultura de Maria, e, ao expressar "terminado o curso de sua vida terrestre", evita possibilidade de confusão em representações[13]. Contudo, há o debate sobre a morte de Maria, alguns teólogos defendem que Maria morreu, por coerência com o que aconteceu com Cristo, sua morte se equipara à dos outros homens ou pelo menos no que diz respeito ao momento em que ela deixou de manter um relacionamento humano através do seu corpo[14], embora seja a tendência, há a tese apenas de uma morte aparente, preferindo dizer dormição[15].

A esse propósito, no Magistério posterior a Pio XII, o papa João Paulo II, em uma catequese, ressaltando a relação de Maria com o Filho, afirmou "dado que Cristo morreu, seria difícil afirmar o contrário no que concerne à mãe", nesta catequese segue relendo São

João Damasceno, Severo de Antioquia e São Francisco de Sales, que postulam favorável à morte de Maria, concluindo que independentemente do motivo físico que a levou à morte "pode-se dizer que a passagem desta vida à outra constitui para Maria uma maturação da graça na glória"[16].

Por "assunção", entende-se "assumido por alguém", distinguindo da ascensão de Cristo, a quem se atribui uma função ativa, e a Maria, uma função passiva, como criatura foi assumida por Deus[17]. Portanto, por assunção, entende-se uma distinção intrínseca e favorece a compreensão de "foi assunta em corpo e alma à glória celestial", pois ressalta que o texto não diz de um deslocamento de lugar, mas robustece a afirmação de "uma mudança de estado do corpo de Maria, e a passagem da condição terrestre à condição gloriosa da totalidade de sua pessoa que se encontra unida ao corpo espiritual e glorioso de seu Filho"[18].

Outrossim, na afirmação "foi assunta em corpo e alma à glória celestial", diz do privilégio de Maria, apresentado com ênfase por Pio XII, por repetir treze vezes a expressão "privilégio"[19]. Ou seja, a participação dela na ressurreição de Cristo acontece diferentemente dos outros seres humanos, pois, existe um tempo intermediário entre o pós-morte e a parusia, para receber o corpo pneumático, e em Maria isto é antecipado, logo após sua vida terrena ela já recebeu o corpo glorificado, e está com seu corpo glorificado junto de Deus[20].

A Constituição *Munificentissimus Deus* foi, desde o início da crença e celebração da assunção, o primeiro pronunciamento do magistério sobre a assunção. No qual o papa inicia a argumentação a partir do fato da manifestação do consenso de fé entre os fiéis, na expressão de Pio XII "doutrina concorde do magistério ordinário" e "fé igualmente concorde do povo cristão"[21], recorda o ensinamento do Concílio Vaticano I sobre a missão do Magistério, que não é de apresentar novas verdades, mas de guardar e propor que é divinamente revelado, portanto do consenso entre os fiéis o papa encontrou o argumento sólido para a definição[22].

Contudo, o Papa Pio XII, desde o início do texto da Constituição, estabelece uma íntima correlação entre os dogmas concepção imaculada, a maternidade divina, a virgindade perpétua, a partir do texto de Gl 4,4. E disto brota a unidade entre Maria e o Filho, em especial destaque prossegue e desenvolve ao que o papa Pio IX já afirmou, quando na proclamação do dogma da Imaculada, como consequência da vitória de Cristo sobre o pecadoem sua concepção imaculada "por esse motivo não foi sujeita à lei de permanecer na corrupção do sepulcro, nem teve de esperar a redenção do corpo até o fim dos tempos"[23].

Contudo, o conteúdo da assunção não fica dirimido apenas como consequência dos outros dogmas, mas pela raiz fundante do desígnio de Deus, pelo qual Maria, na totalidade da sua vida e missão, esteve ao lado do seu Filho[24]. Com efeito, antes da proclamação dogmática, Pio XII ressalta "associada a Jesus Cristo de modo insondável por toda a eternidade" e "generosa companheira do divino Redentor"[25]. Assim, a assunção diz do coroamento de toda a vida, missão e privilégios de Maria enquanto consequência que surge de sua íntima união à vida, missão, obra, glória e realeza de seu Filho[26]. Portanto entende-se a assunção de Maria como algo que progressivamente ela foi experimentando, à medida que peregrinava neste mundo fazendo-se seguidora de seu Filho, realizando sua vontade, o Pai a assumia e a transformava, pois cada passo dado pela fé é fruto do dom de Deus[27].

Destarte, a Constituição *Munificentissimus Deus* prossegue fazendo uma compilação do desenvolvimento da doutrina da assunção ao longo dos tempos, como testemunho da fé da Igreja. Recorda as celebrações litúrgicas, como a festa da dormição, recorre às pregações dos Padres, tanto da patrologia grega como latina. Com insistência, recorda o ensino dos escolásticos, sobretudo para a hermenêutica mariana sobre os textos bíblicos de Gn 3,15; Ap 12 e Lc 1,28. Assim, quando o Papa afirma ter argumentos bíblicos, não parte objetivamente da exegese da letra, mas da tradição eclesial, que se orienta pela propriedade do critério da união entre Maria e Jesus e da participação da Mãe no destino do Filho[28].

## Enfoques teológicos da Assunção

Assim, no dinamismo da tradição viva no seio da Igreja, o povo de Deus descobre, a partir da Escritura, a glorificação corporal da Santa Mãe de Deus, como relendo Gn 3,15, compreende Maria como vencedora não só do pecado, mas das suas consequências: corrupção e morte. Com o paralelismo entre Gn 3,6 e Lc 1,38, Maria obedeceu, por isso não podia morrer corporalmente. Os padres da Igreja, por analogia da fé, no Sl 131,8; 2Mc 2,4-8; Jo 1,14, Gl 4,4, viram em Maria a nova Arca da Aliança, cuja exigência e característica essencial são a incorruptibilidade. A exemplaridade de Jesus que cumpre o mandamento de Ex 20,12, honrando sua Mãe. Outra analogia é a apresentação de Maria como Mãe e Rainha, na releitura do Sl 44, com paralelismo em Mt 2,11; Lc 1,32-33 e em Ct 3,6; 4,8; 6,9; 8,5. Ademais, adquire um destaque para a assunção a imagem da Virgem na mulher de Ap 12 e de sua glorificação junto a Deus, como elo entre Cristo ressuscitado e a humanidade, à espera da ressurreição em Fl 3,10; 1Cor 15,22-23; 2Tm 2,11-12; Mt 19,27-30[29].

Outrossim, a tradição judaica, no dinamismo de sua caminhada de crescimento na fé, sobre a vida eterna descobre a promessa de Deus de libertar os seus justos da morte e despertá-los do *xeol* e expressa as possibilidades desse acontecimento, na linguagem do arrebatamento, ou seja, Deus vai raptar o seu justo deste mundo em vida e o levará para o mundo divino, como no caso do profeta Elias (2Rs 2,1-11; Sl 48,9; 1Mc 2,58) e de Henoc (Gn 5,24; Eclo 49,14; Hb 11,5) e posteriormente em Sb 4,10s, em que se dá a abertura para esse fato acontecer aos que já morreram, permitindo a possibilidade de se falar em assunção ou exaltação pós-mortal, que Deus concederá aos seus justos e servos, como no Sl 49,16; 73,23s; Is 52,13, 53,8-12, e a esperança da vida eterna, em Is 26,19, Dn 12,1-3; 2Mc 7; 12,39-45[30].

Contudo, o dogma da assunção de Maria não a apresenta apenas como um caso típico, desses outros veterotestamentários, mas assegura que ela participa da ressurreição de Cristo e está unida a ele na glória, como uma confirmação de Deus da totalidade de sua vida e história, seu comportamento e suas atitudes, sua corporeidade foi assumida e ela se tornou, depois de Jesus, a primeira ressuscitada[31]. Pois a novidade da ressurreição de Cristo é uma forma de vida completamente nova e glorificada, ele esteve morto e agora vive, é uma vida qualitativamente diferente, e é a pessoa inteira, em sua totalidade, que ressuscita[32]. Como ensina Paulo:

> Cristo ressuscitou dos mortos, primícias dos que adormeceram. Pois, assim como todos morrem em Adão, em Cristo todos receberão a vida. Cada um, porém, em sua ordem: como primícias, Cristo, depois, aqueles que pertencem a Cristo, por ocasião da sua vinda.[33]

A assunção nos reporta ao mistério pascal de Jesus, sendo para ele a ressurreição uma confirmação do Pai à sua plena obediência, o que concomitante percebe-se em Maria, que na sua livre opção moral colocou em prática a Palavra ouvida, a assunção é o corolário de sua plena união com o Filho[34]. Portanto, a assunção é de toda a pessoa de Maria de Nazaré, na inteireza de seu ser mulher, não a glorificação de uma alma separada do corpo, mas segue como a ressurreição de Jesus, absoluta glorificação da Virgem de Nazaré na participação da vida de Deus. As expressões recorrentes, na proclamação do dogma "alma" e "corpo", não indica oposição, mas totalidade do ser, integridade da corporeidade, história, identidade e personalidade de Maria, que foram assumidos integralmente na glória[35].

O que a Igreja diz da assunção de Maria recorda seu Magistério mais inicial, crer na ressurreição da carne. No que se diz de Maria em sua consumação gloriosa, ocorre a profissão de esperança na ressurreição da carne e na vida eterna, dizemos sobre Maria o que espera todos os que pertencem a Cristo. Assim, a Assunção manifesta o ser humano querido por Deus. Ainda, ao proclamar a assunção, a Igreja proclama um futuro de que a pobre carne, odiada ou amada, foi feita digna de estar eternamente perto de Deus, em alguém como nós, de nossa raça. Por isso, entre a angústia e tristeza, a Igreja proclama o futuro da ressurreição da carne, querido por Deus, que pode vir a qualquer momento, pois o seu reino já está no nosso presente[36].

Outrossim, a proclamação da assunção corporal de Maria possibilita sua permanência dentro da Igreja e da história da humanidade, como uma pessoa que vive próxima, pois no seu corpo glorioso está a comunhão dos santos, de onde compreendemos sua permanência e proximidade, colaborando com o crescimento da vida eclesial, representando toda a comunidade dos santos que já chegaram à glória e sendo sinal de esperança para os que estão a caminho[37]. Assim, expressou-se o Concílio Vaticano II, na Constituição Dogmática *Lumem Gentium*, ela assiste a Igreja com sua intercessão[38], sua assunção iniciou a consumação da Igreja e por isso é consolo e sinal de esperança para a Igreja peregrina[39]".

O Concílio, desenvolvendo a doutrina da assunção, após relacionar estreitamente Maria ao Filho, a relaciona com a Igreja; surge o elemento eclesiológico da assunção ao apresentar Maria, como membro inicial e perfeito da Igreja peregrina que inaugura, personificando a Igreja gloriosa. Decorre, portanto, que a Igreja, em sua caminhada histórica, tendo Maria, como figura e modelo, inspira-se em Maria, imitando sua perfeição moral, contando com sua intercessão na luta pela santidade, e a tem como sinal seguro de esperança e referência que a estimule na história rumo ao futuro escatológico[40]. Assim, pelo fato de seu corpo não ter experimentado a corrupção, Maria é a personificação da Igreja escatológica redimida, ou seja, Maria mostra em sua própria pessoa aquilo que a Igreja há de ser[41].

Enfim, professar a fé na assunção é ter Maria como sinal de viva esperança, pois nos anima e nos estimula na perseverança do bem, da verdade e da justiça, pois, apesar das incompreensões, da perseguição, do mal, do sofrimento, do desespero, frente ao vazio e absurdo, a assunção confirma o sentido da vida e da existência humana como caminho para a plenitude da felicidade em alma e corpo, dando uma resposta ao sofrimento de que Deus, pela força da vitória de Cristo na ressurreição, faz surgir a coroa da nossa vitória, renovando todas as coisas, pois revela o jeito de Deus agir a favor dos humildes.

E muito além, a assunção exalta a dignidade da corporeidade da vida do ser humano, convidando à valorização da feminilidade e do corpo como instrumento de entrar em comunhão com Deus, deixando de lado o utilitarismo e o materialismo do corpo, convidando o ser humano à integração total do que é com o meio onde está, pois na assunção a criação material, o cosmo todo, também encontra o início de sua participação na ressurreição de Cristo[42].

## A Celebração Litúrgica da Assunção

### *Apontamentos históricos da celebração*

Celebrada em 15 de agosto, a Solenidade da Assunção de Nossa Senhora, de corpo e alma, à glória dos céus encontra sua gênesis no século V, em Jerusalém, posteriormente ao Concílio de Éfeso. Inicia-se a memória de Santa Maria de um modo bem genérico, na basílica onde o túmulo da Virgem era venerado, o que de modo semelhante já era celebrado para os mártires, o "*dies natalis*". E com a influência dos escritos apócrifos começou a ser celebrada a Dormição da Toda-Santa, quando comemorava-se sua morte e glorificação[43].

Durante o século VII, a festa da Dormição, de origem bizantina, teve ingresso na igreja de Roma, recebendo o nome de Assunção. Em Roma, celebrava-se a comemoração de Santa Maria em janeiro, dentro da oitava do natal. Porém, a partir do século VIII, as outras festas orientais da Virgem Maria: Natividade, Apresentação do Senhor e Anunciação também passam a ser celebradas em Roma[44]. A festa da Assunção ganha destaque, foi enriquecida com uma procissão, posteriormente com a Oitava e a missa da vigília. Os formulários desta, redigidos por volta do século VIII, permaneceu em uso até o ano de 1950, quando o papa Pio XII, em 1 de novembro, proclamou solene e definitivamente o Dogma. Contudo, o que permanece até os dias atuais e faz a Solenidade da Assunção destacar-se sobre as outras comemorações marianas é o fato de possuir o formulário da missa vespertina da vigília[45].

Com o acontecimento do Concílio Vaticano II, foi ordenada uma reforma litúrgica que propõe um novo Calendário Litúrgico, que visa celebrar o mistério de Cristo, o desdobrando por todo o ciclo anual, esperando com isso que os fiéis estabeleçam comunhão com a obra da redenção, tornando-a presente em todos os tempos, abrindo acesso à graça da salvação (SC, 102)[46]. Colocando a centralidade do Mistério de Cristo como primado e fundamento das celebrações durante o ano, o Concílio ensina sobre a comemoração da Virgem Maria: "Celebrando o ciclo anual dos mistérios de Cristo, a Igreja venera, com amor peculiar, a bem-aventurada mãe de Deus, Maria, que está intimamente associada à obra salutar de seu Filho. Em Maria brilha, em sua expressão máxima, o fruto da redenção, e nela se contempla, como em imagem puríssima, tudo que se pode desejar e esperar" (SC, 103).

## A Celebração Vespertina da Assunção

A Igreja inicia a celebração da Solenidade da Assunção com a Liturgia das Horas[47]. Nas Primeiras Vésperas, o hino saúda Maria por sua maternidade divina e espiritual da Igreja; na primeira antífona, apresenta a ascensão de Jesus Cristo como causa da assunção; na segunda faz a releitura do protoevangelho, contrapondo Eva-Maria; e na terceira antífona mostra que em Maria, sendo elevada, portanto, sendo passiva à ação do Cristo, este ao realizar a elevação da Mãe demonstra a extensão de seu reino ao longo do tempo, em uma releitura do Salmo 57(56),6. A leitura breve de Rm 8,30 anuncia a glorificação como consequência última da ação de Deus naqueles que ele escolheu. Com as primeiras vésperas da Liturgia das Horas, a Igreja introduz a celebração da solenidade da Assunção, abalizando o mistério celebrado na obediência de Maria à Palavra de Deus e na vitória alcançada por Cristo, que vai-se cumprir em todos os cristãos[48].

Em seguida, celebra-se a Missa Vespertina ou da Vigília, com a Liturgia da Palavra, tendo como primeira leitura 1Cr 15,3-4.15-16; 16,1-2, "transportar a arca do Senhor para o lugar que lhe havia preparado", seguida pelo salmo 131(132), que apresenta o v. 8 como refrão, "subi, Senhor, para o lugar de vosso pouso, subi com vossa arca poderosa". A releitura patrística de Maria, como a arca viva da aliança, realça aquela que concebida imaculada tem seu corpo preservado da corrupção do sepulcro[49].

Outrossim, como a arca traz no seio o próprio Deus, neste dia em que a Igreja celebra a entronização da arca de Deus, no lugar onde Ele mesmo está, no lugar de seu repouso, a Igreja se reconhece em Maria arca viva da aliança, em quem o Deus eterno fez morada, e também vislumbra a perfeição final para a qual se encaminha. Ademais, como a arca é sinal da presença do Senhor, faz a Igreja caminhar na firme esperança de que o Senhor mesmo a levará para o lugar de seu repouso[50]. Pois, a partir da segunda leitura, o Apóstolo, em 1Cor 15,54-57, faz vislumbrar que Maria, na totalidade de seu ser, e assim será a toda Igreja, foi associada ao Mistério Pascal de Cristo[51]. Assim, a solenidade da Assunção faz vislumbrar para a Igreja e a humanidade o penhor da esperança de que a essa mesma glorificação plena é o destino de todos os que Cristo fez irmãos[52].

Outro elemento da Missa da Vigília são os textos eucológicos da oração da coleta, sobre as oferendas e pós-comunhão. A oração da coleta enaltece a Virgem Mãe, que foi agraciada e honrada por Deus, e pede sua intercessão para que sejamos elevados à glória de Deus. A outras orações, sobre as oferendas e pós comunhão diz de Maria como Santa Mãe de Deus e recorre à sua intercessão contra o pecado e o mal[53]. Portanto, os textos eucológicos das orações da missa da Vigília dão um destaque à intercessão de Maria.

## A Liturgia do dia da Assunção

Passa-se à Missa do Dia, que traz na antífona de entrada a passagem bíblica de Ap 12,1, assim o primeiro elemento do formulário da Missa do Dia apresenta a fundamentação bíblica desta solenidade[54]. A perícope maior desse capítulo 12 do livro do Apocalipse de São João será proclamada na primeira leitura e é a fonte de inspiração para o canto de abertura da celebração, proposto pelo Hinário Litúrgico da CNBB, com o título "Uma mulher no céu foi vista", de composição do presbítero pernambucano Geraldo Leite Bastos[55].

Ainda esse texto bíblico é inspiração para o hino do Ofício de Leituras e das *Laudes*, bem como da Antífona do *Benedictus* e é a leitura breve da Oração das doze horas, na Liturgia das Horas para o Rito Latino[56]. Ainda como elementos da Liturgia das Horas, é mister expressar que a leitura bíblica do Ofício de Leituras e as leituras breves de *Laudes* e II Vésperas expressam, com anúncio solene, que os cristãos participarão do triunfo de Cristo sobre a morte[57]. E a leitura patrística do Ofício de Leituras recolhe da Constituição Apostólica *Munificentissimus Deus*, o testemunho desde o século

II da fé da Igreja, destacando São João Damasceno e São Germano de Constantinopla[58].

Voltando-se para a Missa do Dia, temos a oração da coleta: "Deus eterno e todo-poderoso, que elevastes à glória do céu em corpo e alma a imaculada Virgem Maria, Mãe do vosso Filho, dai-nos viver atentos às coisas do alto, a fim de participarmos da sua glória[59]". A oração inicia destacando que a ação procede de Deus, portanto, Maria é sujeito passivo. Percebe-se também que na relação da "assunta", com os outros títulos precedentes a este, referentes às etapas da vida terrena de Maria, são apresentados em ordem cronológica: a Imaculada Conceição, a Virgindade Perpétua e a Maternidade Divina, que se torna ao mesmo tempo elucidação dos outros dogmas marianos[60].

Essa oração exprime que há uma ação de Deus durante toda a vida de Maria, realçando sua participação na economia salvífica. A oração acentua que a assunção acontece como consequência da maternidade divina, ou seja, da participação de Maria na história da salvação e sua íntima união à vida do Filho[61], expõe com precisão o motivo teológico da solenidade mariana, pois "oferece-nos o sentido da plenitude e da bem-aventurança, da glorificação da alma imaculada e do corpo virginal de Maria, com sua total configuração a Cristo Ressuscitado"[62].

Ademais, é singular fazer notar que nessa oração não aparece a intercessão de Maria, mas o conteúdo da prece evidencia que esta ação de Deus acontecerá em favor de todos os fiéis, desponta, portanto, a relação de Maria com a Igreja[63]. Destarte, cabe aos fiéis, que contemplam Maria na glória, celebrar seu próprio destino que consiste, pela ressurreição, em participar da glória de Deus, isto se "viver atentos às coisas do alto", ou seja, se produzirmos frutos bons, preparando o encontro definitivo com o Senhor[64].

Outrossim, é o modo como a oração da coleta apresenta em prece o cerne da proclamação dogmática; observa-se a correspondência: a oração da coleta "Deus eterno e todo-poderoso, que elevastes à glória do céu em corpo e alma a imaculada Virgem Maria, Mãe do vosso Filho", na definição dogmática temos "a imaculada Mãe de Deus, a sempre Virgem Maria, terminado o curso da vida terrestre, foi assunta em corpo e alma à glória celestial". Portanto, a oração traz em si o conteúdo da verdade, tal qual como ensinada pelo Magistério.

Conduzido pela ritualidade chega-se à liturgia da palavra, que se inicia com a proclamação da leitura do Apocalipse de São João 11,19b; 12,1-6a.10ab. Antes de iniciar com o capítulo 12, traz o texto de 11,19, assim inclui Arca da Aliança. Tal inclusão permite perceber que a história terrena é conduzida pelo sinal do céu, e a participação na liturgia celeste dá sentido à história, que tem como destino a participação na glória, visto que a arca da aliança, conforme 2Mc 2,4-8, permanece escondida até que se manifeste a glória. Percebe-se ainda, por este versículo Ap 11,19, a correlação com a missa da vigília e compreende-se também os fundamentos patrísticos para a compreensão do dogma, como nos argumentos de São João Damasceno[65].

Continuando a leitura com a perícope do capítulo 12, percebe-se que o autor propõe dois cenários que são sucessivos à mesma pessoa, a mulher. O primeiro diz respeito a um lugar de chegada, repleto de luz. O segundo descreve o caminho para se chegar, caminho este com as contingências das vicissitudes, por isso exige-se a luta contra o dragão. Assim, pela simbologia da mulher, o filho e o canto de vitória, a primeira leitura recorda o itinerário pascal de Jesus e faz a Igreja vislumbrar que tem para si o mesmo itinerário pascal, plenamente reconhecida na pessoa de Maria, Virgem e Mãe. Ou seja, em Maria que percorreu o itinerário pascal unida ao Filho, a Igreja vê que é em meio à participação na luta diária que toma posse da glória. Contudo, isto só é possível pela Páscoa do Senhor, que já a faz cantar o cântico de vitória[66].

Em seguida é cantado o salmo 44, que acrescenta uma característica, ou a reforça, que é apresentar a mulher mãe da primeira leitura, que é também esposa, assim, este salmo aplica à Igreja o tipo de Esposa de Cristo[67].

A segunda leitura é o texto paulino de 1Cor 15,20-26, anuncia que a ressurreição de Cristo é o fundamento da ressurreição dos que estão em Cristo, assim, da sua mãe, que antes de qualquer outra criatura é de Cristo, portanto, ela participa da glória do Filho[68]. A segunda leitura sustenta todo o conteúdo da I Vésperas, de que a assunção de Maria acontece como reverberação da Ressurreição-Ascensão de Cristo-cabeça em um membro eminente de seu corpo. Como rezamos na oração da coleta, a imaculada, pré-redimida, é assunta, pré-ressuscitada, depois de Cristo e antes dos outros membros. Portanto, ao proclamar que a ressurreição de Cristo é originária e inaugural, compreende-se com nitidez que a mãe se configurou plenamente ao filho ressuscitado, pois a assunção está em relação com a ressurreição na ordem da subordinação e solidariedade, o que estabelece o limite e o valor de exemplaridade à mãe de Deus, em sua estreita relação com todos os outros membros de Cristo[69].

No ponto alto da liturgia da palavra, é-nos proclamado a única oração de Maria, o *Magnificat*, texto de Lucas 1,39-56. A mulher, peregrina na fé, apresenta neste hino uma síntese de sua experiência com Deus, ou seja, no *Magnificat,* Maria olha para Deus vendo em si o que Ele realizou, este é o motivo da exultação. Maria, ao reconhecer-se humilde, como criatura feita do pó, pois a expressão "humilde" tem na raiz a palavra "terra", reconhece sua condição de terrena e canta a intervenção do salvador, que a ergue mais uma vez do pó e lhe dá o céu. Logo em seguida, canta, como cantou a primeira leitura, a vitória de Deus. Esta vitória consiste na ação de Deus, que transforma a humanidade derrubando por terra os poderosos e elevando os humildes. Para que eles também sejam destinatários da ação misericordiosa de Deus, reconheçam-se como criaturas terrenas e alcancem o céu, onde Maria está. Assim, a realidade da Assunção torna-se para a Igreja uma recordação de sua identidade e um apelo daquilo que ela é chamada a ser. A Igreja, contemplando-se em Maria, precursora dos redimidos, segue sua caminhada terrena, em meio às perseguições, como Maria, tendo como meta, estar com Maria, participando da ressurreição de Cristo[70], exprimindo assim a fundada e alegre esperança da Igreja.

Seguindo a missa encontra-se com a eucologia das demais orações presidenciais. Destacam-se aqui as orações sobre as oferendas e a oração pós-comunhão, ambas conjuntamente por terem o conteúdo semelhante, o aspecto escatológico. Estas orações destacam o sinal escatológico que é a assunção de Maria; esta realidade remete ao cerne do mistério pascal, que tem a glória como meta, mas que pressupõe a luta e o sofrimento, exprime a tensão entre o "já" e o "ainda não". Antes é oportuno acrescentar que este elemento escatológico encontra-se de forma mais completa e concreta na oração da coleta "dai-nos viver atentos às coisas do alto, a fim de participarmos de sua glória".

O elemento que se acrescenta ao escatológico nas orações sobre as oferendas e pós-comunhão é a intercessão de Maria. Assim, encontra-se a oração sobre as oferendas "... pela intercessão da Virgem Maria, elevada ao céu, acendei em nossos corações o desejo de chegar até vós"[71] e a oração pós-comunhão: "... pela intercessão da Virgem Maria elevada ao céu, chegar à glória da ressurreição"[72]. Portanto, a prece da Igreja na solenidade da Assunção é para que o que aconteceu à Virgem Maria, depois de Cristo, aconteça também a toda a Igreja[73]. Ademais, estas orações remetem diretamente ao conteúdo da proclamação dogmática. Em ambas as orações, encontra-se esta formulação: "Virgem Maria, elevada ao céu" e na definição dogmática: "a sempre Virgem Maria, terminado o curso da vida terrestre, foi assunta em corpo e alma à glória celestial".

Agora passa-se ao texto do prefácio da celebração da solenidade da assunção, cuja elaboração não seguiu a imediata proclamação do dogma, foi fruto do Concílio Vaticano II, inspirado na oração *Veneranda*, do século VII[74]. Esta oração, que o Papa Adriano I enviou para que com ela se iniciasse, em Roma, a procissão solene da festa, já com o nome de Assunção, destaca a assunção corporal: "É para nós digno de veneração (*veneranda dies*) em que a Santa Mãe de Deus sofreu a morte temporal. Não podia, entretanto, ficar submetida aos laços da morte Aquela que gerou de si mesma e encarnou o vosso Filho, Senhor Nosso"[75].

Por conseguinte, o embolismo do prefácio da Missa do dia encontra-se assim elaborado: "Hoje, a Virgem Maria, Mãe de Deus, foi elevada à glória do céu. Aurora e esplendor da Igreja triunfante, ela é consolo e esperança para vosso povo, ainda em caminho, pois preservastes da corrupção da morte aquela que gerou, de modo inefável, vosso próprio Filho feito homem, autor de toda a vida"[76].

A construção literária do prefácio para apresentar o conteúdo da celebração parte do fato histórico da maternidade divina, o que realça a participação de Maria no mistério pascal de Cristo e está em concordância com o conteúdo da *Lumen Gentium,* em seus artigos 56, 57, 58, 59, 61[77]. Portanto, a assunção celebra a plenitude da participação de Maria no mistério pascal, a assunção é a Páscoa da Virgem Mãe, como o prefácio reza "pois preservastes da corrupção da morte aquela que gerou, de modo inefável, vosso próprio Filho feito homem, autor de toda a vida", a vitória do Ressuscitado resplandece na pessoa de Maria. Ademais, esse movimento de comunhão de vida já iniciou na maternidade, pois do corpo de Maria é o corpo do Filho, agora do corpo glorioso do Filho é o corpo glorioso da Mãe[78].

Outrossim, no prefácio, encontra-se acolhido e desenvolvido, além do aspecto cristológico, o aspecto eclesiológico do Concílio Vaticano II, na constituição *Lumen Gentium*, ao apresentar Maria como sinal de esperança e consolo para a Igreja, povo de Deus a caminho:

> A Mãe de Jesus, assim como, glorificada já em corpo e alma, é imagem e início da Igreja que há de consumar-se no século futuro, assim também, na terra, brilha, como sinal de esperança segura e de consolação, para o Povo de Deus ainda peregrinante, até que chegue o dia do Senhor (2Pd 3,10).[79]

O prefácio manifesta este ponto eclesiológico, em que a Igreja se reconhece em Maria, pois ela é a Igreja plenamente salva, por isso Maria assunta é penhor seguro de que as promessas do Cristo se cumprirão em todos. Então é consolo para toda a Igreja que em sua caminhada vê que alguém já conseguiu, a ponto de poder dizer que nossa irmã Maria já chegou[80].

Por conseguinte, não menos importante e muito significativo é o tom de alegria, ou a corrente de alegria que conduz a solenidade da assunção, que é para Igreja penhor seguro e consolador sobre seu futuro[81]. Alegria expressa em atitudes de louvor e gratidão[82], como na missa do dia, a segunda antífona de entrada "alegremo-nos todos no Senhor, celebrando este dia festivo...os anjos se alegram pela sua Assunção...", no versículo da aclamação ao evangelho "... alegram-se os coros dos anjos" e na antífona de comunhão "Todos as gerações me chamarão bem-aventurada..."[83]. Além das diversas antífonas da Liturgia das Horas, como encontramos na II Vésperas, a primeira antífona da salmodia "... os anjos se alegram, louvando o Senhor", na terceira antífona "Sois bendita por Deus, entre todas, Maria..." e a antífona do *Magnificat:* "Hoje, a Virgem Maria subiu para os céus, alegremo-nos todos, pois reina com Cristo sem-fim, pelos séculos"[84].

Por fim, esta torrente de alegria que jorra da celebração da solenidade da assunção e transfigura toda a Igreja, porque proclama que o Ressuscitado cumpre em nós sua promessa, está em perfeita concordância com a definição dogmática e assegura que tal dogma se ordena ao culto, e o culto se serve desse conteúdo[85], pois é profundamente doxológica a definição dogmática "...para a glória de Deus..., para a honra do seu Filho,... para aumento da glória de sua mãe, e para gozo e júbilo de toda a Igreja". Como o dogma conduz ao louvor, isto é uma coerência com sua origem, pois nasceu da devoção do povo conduzido pelo Espírito Santo, que nos introduz na única revelação do Senhor[86].

Contudo, a solenidade da assunção é celebrada como culto pelo fato de que no nome Maria está a personificação corporal da verdadeira Igreja, já redimida e glorificada[87]. E ainda nesse louvor celebra-se a grandeza de cada ser humano conforme querido pela misericórdia de Deus, pois proclamamos em Maria o que conhecemos e esperamos como própria consumação[88].

## Considerações finais

A abordagem da assunção nessa pesquisa possibilita uma baliza sobre o desenvolvimento histórico dessa verdade de fé, desde a sua origem, após o concílio de Éfeso, e a premissa do culto aos mártires, por isso a festa da Assunção, *dies natalis,* da Mãe de Deus, festa da sua entrada na glória da Trindade, é a primeira celebração litúrgica da Virgem de Nazaré.

A reflexão sobre a assunção de Santa Maria conduz ao cerne da fé cristã, que é a ressurreição e ascenção de Jesus e o início do cumprimento da promessa de sucedê-lo a todos os que a Ele estão unidos. O que ressalta a dependência do que se diz de Maria, do evento da encarnação, ou seja, de sua maternidade divina. Por isso, a assunção, ao reportar à maternidade, ressalta que a totalidade da existência da mulher de Nazaré decorreu sob a fé, onde acolhia a vontade de Deus e avançava dando uma resposta livre e obediente a ela.

Por causa dessa resposta obediente, ao celebrar a assunção, contempla-se na glória a discípula perfeita do Senhor. Essa solenidade diz do caminho de fé da Igreja e a revela que o futuro lhe prometido por seu Senhor, é uma realidade, pois dele já participa Maria, como seu membro eminente e inaugural. Por ser mãe-discípula, a contemplação de Maria no céu revela como Deus quer o ser humano integralmente junto de si, em corpo e alma. Significa que crer na ressurreição da carne faz nascer, em cada pessoa, a esperança frente ao vazio e absurdo das contingências históricas, como o mal e o sofrimento. Confirmar a existência humana como caminho para a plenitude da vida feliz, pois através da corporeidade histórica a pessoa se abre e experimenta, desde já, a comunhão com Deus.

Por conseguinte, a solenidade da assunção é uma celebração litúrgica, na qual ressoa o anúncio de esperança da vitória em Cristo, e consolida que o culto é o lugar privilegiado onde nasce, transmite e alimenta a fé. Em vista disso, a análise de alguns textos do ritual litúrgico verificou como a Igreja celebra o que crê e crê o que celebra, como expressou o antigo adágio "*Lex orandi statuat legem credendi*".

Ademais, persiste a indagação minuciosa à celebração da assunção, que muito tem a dizer da centralidade da fé na ressurreição de Jesus e de como dela participa Maria, bem como discorrer mais sobre o companheirismo generoso da mãe junto ao filho. E segue a busca pelos desdobramentos do conteúdo dessa celebração, o que assegura a atualidade teológica dessa pesquisa, não só para a mariologia e liturgia, como também para a cristologia, antropologia, eclesiologia e a escatologia. E sobretudo, para gerar e alimentar a esperança, pois, em Maria, contemplamos o que esperamos para nossa própria consumação, para toda a Igreja e o cosmo.

*Pe. Christian Moreira Coelho de Oliveira*
Presbítero da Diocese de Caratinga-MG. Natural de Bom Jesus do Galho-MG. Cursou Filosofia e Teologia no Seminário Diocesano Nossa Senhora do Rosário, em Caratinga-MG; Especialização em Mariologia, pela Faculdade Dehoniana, em parceria com a Academia Marial de Aparecida; e Especialização em Espiritualidade Cristã, pela FAJE. Atulalmente, é pároco, na paróquia São João Batista, em São João do Oriente-MG, e professor no Seminário Propedêutico São José, em Ubaporanga-MG

# NOTAS

[1] Bíblia de Jerusalém, SP: Paulus, 4ª impressão, 2006.
[2] Afonso MURAD, *Maria, toda de Deus e tão humana: Compêndio de mariologia,* 2012, p. 181.
[3] *Idem*, p. 182.
[4] *Idem*, p. 183.
[5] *Idem*, p. 182.
[6] Clara TEMPORELLI, *Maria, mulher de Deus e dos pobres: releitura dos dogmas marianos,* 2011, p. 198.
[7] Kathleen COYLE, *Maria tão plena de Deus e tão nossa*, 2012, p. 157.
[8] Clara TEMPORELLI, *op. cit.*, 2011, p. 199.
[9] *Idem*, p. 200.
[10] José PAREDES, *Mariologia: síntese bíblica, histórica e sistemática,* 2013, p. 266.
[11] Clara TEMPORELLI, *op. cit.*, 2011, p. 203.
[12] PIO XII, *Munificentissimus Deus*, 2016, n. 44.
[13] Bernard SESBOÜÉ, *História dos dogmas. Tomo III: Os sinais da salvação: os sacramentos, a Igreja, a Virgem Maria*, 2005, p. 502.
[14] *Idem*, p. 504. Outro teólogo que argumenta favorável à morte de Maria, cf.: Clara TEMPORELLI, *op. cit.*, 2011, p. 212.
[15] Clodovis BOFF, *Dogmas marianos: síntese catequético-pastoral,* 2016, p. 52.
[16] João PAULO II, *A Virgem Maria: 58 catequeses do papa sobre a Nossa Senhora*, Felipe Aquino (org), 2017, p. 158.
[17] Afonso MURAD, *op. cit.*, 2012, p. 184.
[18] Bernard SESBOÜÉ, *op. cit.*, 2005, p. 502.
[19] Clodovis BOFF, *op. cit.*, 2016, p. 52.
[20] Afonso MURAD, *op. cit.*, 2012, p. 188.
[21] PIO XII, *op. cit.*, 2016, n. 12.
[22] *Ibidem*.
[23] *Idem*, n. 5.

[24] Salvatore MEO, *Dicionário de Mariologia*, 1995, p. 177.
[25] PIO XII, *op. cit.*, 2016, n. 40.
[26] Salvatore MEO, *op. cit.*, 1995, p. 177.
[27] Afonso MURAD, *op. cit.*, 2012, p.191.
[28] Bernard SESBOÜÉ, *op. cit.*, 2005, p. 503.
[29] Clodovis BOFF, *op. cit.*, 2016, p. 49-51. Cf. A SERRA, *Dicionário de Mariologia*, 1995, p. 171-172.
[30] Hernández MARTÍNEZ. *Dicionário de Mariologia*. São Paulo: Paulus, 1995, p. 180.
[31] Afonso MURAD, *op. cit.*, 2012, p. 190.
[32] *Idem*, p. 186.b.
[33] 1Cor 15,20-23.42-45.54.57.
[34] A. SERRA, *Dicionário de Mariologia*, 1995, p. 173.
[35] Clara TEMPORELLI, *op. cit.*, 2011, p. 213.
[36] Karl RAHNER, *María, madre Del Señor*, 2011, p. 123.
[37] Clara TEMPORELLI, *op. cit.*, 2011, p. 242.
[38] A bem-aventurada Virgem Maria Mãe de Deus no mistério de Cristo e da Igreja: *Lumem Gentium*, capítulo VIII, 2016, n. 69.
[39] *Idem*, n. 68.
[40] Salvatore MEO, *Dicionário de Mariologia*. São Paulo: Paulus, 1995, p. 178.
[41] Hernández MARTÍNEZ, *op. cit.*, 1995, p. 186.
[42] Afonso MURAD, *op. cit.*, 2012, p. 191. Cf.: Clara TEMPORELLI, *op. cit.*, 2011, p. 215-243. Cf. 53-55.
[43] Matias AUGÉ, *O Ano Litúrgico: história, teologia e celebração*, 1991, p. 245-246.
[44] *Ibidem*.
[45] Corrado MAGGIONI, *Maria na Igreja em oração: solenidades, festas e memórias marianas no ano litúrgico*, 1998, p. 46-49.
[46] Concílio Ecumênico Vaticano II, *Constituição Sacrosanctum Concilium sobre a sagrada liturgia*, 2003.
[47] *LITURGIA das Horas*, volume IV, p. 1192-1293.
[48] H.-J SCHULZ; L SCHEFFCZYK; G VOSS, *O culto a Maria hoje: subsídio teológico-pastoral*, 1980, p. 165.
[49] PIO XII, *op. cit.*, 2016, n. 26.
[50] H.-J SCHULZ; L SCHEFFCZYK; G VOSS, *op. cit.*, 1980, p. 168.

[51] Julián MARTÍN, *A liturgia da Igreja: teologia, história, espiritualidade e pastoral*, 2006, p. 410.
[52] Paulo VI, *Marialis cultus*, n. 6.
[53] Alberto BECKHÄUSER, ofm, *Maria nos textos eucológicos*. In: GUIMARÃES, C.Ss.R., Valdivino (org), Maria na Liturgia e na Piedade popular, 2017, p. 79.
[54] José CORDEIRO, *A Virgem Santa Maria no Ano Litúrgico*. In: Secretariado Nacional de Liturgia, A Virgem Maria na Liturgia da Igreja, p. 294.
[55] Joaquim FONSECA, ofm, *Cantos Marianos: liturgia e devoção*. In GUIMARÃES, C.Ss.R., Valdivino (org), *op. cit.*, 2017, p. 151.
[56] H.-J SCHULZ; L SCHEFFCZYK; G VOSS, *op. cit.*, 1980, p. 171.
[57] Matias AUGÉ, *op. cit.*, 1991, p. 256.
[58] *LITURGIA das Horas, volume IV*, p. 1197.
[59] *MISSAL Romano*, p. 638.
[60] Alberto BECKHÄUSER, ofm, *op. cit.*, 2017, p. 79.
[61] Matias AUGÉ, *op. cit.*, 1991, p. 251.
[62] José CORDEIRO, *op. cit.*, 2017, p. 294.
[63] P. LABRÉS, *O culto a Santa Maria, Mãe de Deus*. In: BOROBIO, Dionísio (org.), A celebração na Igreja III: Ritmos e tempos da celebração, 2000, p. 214.
[64] Alberto BECKHÄUSER, ofm, *op. cit.*, 2017, p. 80.
[65] H.-J SCHULZ; L SCHEFFCZYK; G VOSS, *op. cit.*, 1980, p. 170.
[66] Corrado MAGGIONI, *op. cit.*, 1998, p. 49.
[67] Julián MARTÍN, *op. cit.*, 2006, p. 410.
[68] Matias AUGÉ, *op. cit.*, 1991, p. 256.
[69] D. SARTOR, *Dicionário de Mariologia*, 1995, p. 189.
[70] Corrado MAGGIONI, *op. cit.*, 1998, p. 50.
[71] *MISSAL Romano*, p. 639.
[72] *MISSAL Romano*, p. 640.
[73] D. SARTOR, *op. cit.*, 1995, p. 190.
[74] P. LABRÉS, *op. cit.*, 2000, p. 214.
[75] Clodovis BOFF, *op. cit.*, 2016, p. 47.
[76] *MISSAL Romano*, p. 639.
[77] D. SARTOR, *op. cit.*, 1995, p. 189.
[78] Corrado MAGGIONI, *op. cit.*, 1998, p. 48.

[79] A bem-aventurada Virgem Maria Mãe de Deus no mistério de Cristo e da Igreja: *Lumem Gentium*, capítulo VIII, 2016, n. 68.
[80] D. SARTOR, *op. cit.*, 1995, p. 189.
[81] *Idem*, p. 190.
[82] Julián MARTÍN, *op. cit.*, 2006, p. 410.
[83] Missal Dominical: Missal da Assembleia Cristã, 2018, p. 1352.
[84] *LITURGIA das Horas, volume IV*, p. 1204.
[85] Joseph RATZINGER, *A filha de Sião: a devoção mariana na Igreja*, 2013, p. 58.
[86] Karl RAHNER, *op. cit.*, 2011, p. 113.
[87] Joseph RATZINGER, *op. cit.*, 2013, p. 64.
[88] Karl RAHNER, *op. cit.*, 2011, p. 120.

# BIBLIOGRAFIA


*A bem-aventurada Virgem Maria Mãe de Deus no mistério de Cristo e da Igreja: Lumem Gentium*, capítulo VIII. Coleção Theotókos, volume 1, Brasília: Edições CNBB. 2016.

AUGÉ, Matias. *O Ano Litúrgico: história, teologia e celebração*. Anámnesis. São Paulo: Edições Paulinas, 1991.

BECKHÄUSER, ofm. Alberto. *Maria nos textos eucológicos*. In: GUIMARÃES, C.Ss.R., Valdivino (org). *Maria na Liturgia e na Piedade popular*. São Paulo: Paulus, 2017.

Bíblia de Jerusalém, São Paulo: Paulus, 4ªimpressão, 2006.

BOFF, Clodovis M. *Dogmas marianos: síntese catequético-pastoral*. 4ª edição. São Paulo: Ave Maria, 2016.

CONCÍLIO VATICANO II. *Constituição Sacrosanctum Concilium sobre a sagrada liturgia*. São Paulo: Paulinas, 4ª edição, 2003.

CONGREGAÇÃO DO CULTO DIVINO E DISCIPLINA DOS SACRAMENTOS.

*Liturgia das Horas, volume IV*, Editora Vozes, Paulinas, Paulus, Editora Ave-Maria, 1999.

CORDEIRO, José Manuel Garcia. *A Virgem Santa Maria no Ano Litúrgico*. In: SECRETARIADO NACIONAL DE LITURGIA. *A Virgem Maria na Liturgia da Igreja*. Fátima, 2017.

COYLE, Kathleen. *Maria tão plena de Deus e tão nossa.* São Paulus: Paulus, 2012. LABRÉS, P. *O culto a Santa Maria, Mãe de Deus.* In: BOROBIO, Dionísio (org.). *A celebração na Igreja III: Ritmos e tempos da celebração.* SP: Edições Loyola, 2000.

MAGGIONI, Corrado. *Maria na Igreja em oração: solenidades, festas e memórias marianas no ano litúrgico.* São Paulo: Paulus, 1998.

MARTÍN, Julián Lopez. *A liturgia da Igreja: teologia, história, espiritualidade e pastoral.* São Paulo: Paulinas, 2006.

MEO, Salvatore. *Dicionário de Mariologia.* São Paulo: Paulus, 1995. Missal Dominical: Missal da Assembleia Cristã. 2ª edição, SP: Paulus, 2018. MISSAL ROMANO. Edições Paulinas-Editora Vozes, 1992.

MURAD, Afonso Tadeu. *Maria, toda de Deus e tão humana: Compêndio de mariologia.* São Paulo: Paulinas: Santuário, 2012.

PAREDES, José Cristo Rey Garcia. *Mariologia: síntese bíblica, histórica e sistemática.* 2ª edição. São Paulo: Ave Maria, 2013.

PAULO II, João. *A Virgem Maria: 58 catequeses do papa sobre a Nossa Senhora.* Felipe Aquino (org.). 8ª edição. Lorena: Cléofas, 2017.

PAULO VI, *Marialis cultus*, 6.

PIO XII. *Munificentissimus Deus.* Coleção Theotókos, volume 8, Brasília: edições CNBB. 2016.

RAHNER, Karl. *María, madre Del Señor*. 2ª edição, Barcelona, Espanha: Herder, 2011.

RATZINGER, Joseph. *A filha de Sião: a devoção mariana na Igreja*. São Paulo: Paulus, 2013.

SCHULZ, H.-J, SCHEFFCZYK. L., VOSS, G. *O culto a Maria hoje: subsídio teológico-pastoral*. São Paulo: Paulinas, 3ª edição, 1980.

SESBOÜÉ, Bernard. *História dos dogma.Tomo III: Os sinais da salvação: os sacramentos, a Igreja , A Virgem Maria*. 2ªedição, São Paulo: Edições Loyola, 2005.

SOUZA, ofm, Joaquim Fonseca. *Cantos Marianos: liturgia e devoção*. In: GUIMARÃES, C.Ss.R., Valdivino (org). Maria na Liturgia e na Piedade popular. SP: Paulus, 2017.

TEMPORELLI, Clara. *Maria, mulher de Deus e dos pobres: releitura dos dogmas marian*os. 2ª edição, SP: Paulus, 2011.

2

# ASSUNÇÃO DE NOSSA SENHORA – *DORMIÇÃO DA THEOTOKOS*, ANTECIPAÇÃO DA PARUSIA: A MORTE A PARTIR DA ICONOGRAFIA MARIANA E DA TRADIÇÃO DA IGREJA

*Wilma Steagall de Tommaso*

## Introdução

Os Evangelhos e os Atos dos Apóstolos silenciam sobre a morte da Virgem Maria. Como terminou a vida de Maria? A história não nos dá nenhuma informação sobre isso. É por outros meios, não históricos, mas dogmáticos, que Pio XII fez deste fim, ou melhor, desta conclusão, o objeto de um dogma: "No fim de sua vida terrena, a Imaculada, Mãe de Deus, Maria sempre Virgem, foi tomada de corpo e alma na glória celeste".

Que a Assunção não seja o objeto de uma tradição de origem apostólica, mas de uma explicação dogmática baseada em uma reflexão sobre o conjunto da Revelação, esta é uma conclusão firmemente estabelecida pelo considerável trabalho dos anos 1944-1950, citado do R. Laurentain. Em 377, século IV, o bispo

Epifânio de Salamina, que lutava contra as heresias, escreveu:[1]

> Temo falar nisso e procuro impor-me silêncio a este respeito. Porque não sei, na verdade, se podem achar indicações, ainda que obscuras, sobre a incerta morte da santíssima e muito bem-aventurada Virgem. Pois de um lado temos a palavra, proferida sobre ela: "uma espada transpassará tua alma, para que sejam revelados os pensamentos de muitos corações" (Lc 2,35). De outro lado, todavia, lemos, no Apocalipse de João (Ap 12), que o dragão avançou contra a mulher, quando dera à luz um varão; e que foram dadas a ela asas de águia, de modo a ser transportada para o deserto, onde o dragão não a alcançasse. Isso pode ter-se realizado nela. Embora eu não o afirme totalmente. Nem digo que tenha ficado imortal nem posso afirmar que tenha morrido. A Sagrada Escritura, transcendendo aqui a capacidade da mente humana, deixa a coisa na incerteza, em atenção ao Vaso exímio e excelente, de sorte que ninguém lhe atribua alguma sordidez própria da carne. Portanto, se ela morreu, não sabemos. E mesmo que tivesse sido sepultada, jamais teve comércio carnal: longe de nós essa blasfêmia! Quem ousaria, em furor de loucura, impor esse opróbrio à santa Virgem, erguendo contra ela a voz, abrindo a boca para uma afirmação assim nefanda, em vez de lhe entoar louvores? Quem iria desonrar assim o Vaso digno de toda honra?[2]

A questão de Epifânio ficou sem resposta, e o Papa Pio XII, hoje santo, julgou esse fato de certa maneira uma verdadeira Revelação[3].

Segundo Ratzinger, fica claro, portanto, que não pode tratar-se, aqui, de uma tradição histórica de um fato histórico, e que a afirmação é entendida erroneamente, se examinada ou apresentada como tal. Nisso está a diferença decisiva da Ressurreição de Jesus, que, na verdade, ultrapassa a história e, nesse sentido, não representa um fato histórico comum. O texto da bula dogmática de 1950 leva em conta essa diferenciação, na medida em que não fala de "ressurreição" (anastasis), com relação a Maria, mas de *assumptio ad caelestem gloriam* – não de "ressurreição", mas de "assunção" em corpo e alma na glória celeste. Com isso, ela define claramente o conteúdo desse artigo de fé como uma afirmação teológica e não como histórica.[4]

## 1. O Dogma

O Papa Pio XII, em 1º de novembro de 1950, definiu o Dogma da Assunção da Virgem Mãe de Deus à glória celeste de alma e corpo. Na Constituição, o Pontífice usou a riqueza das fontes das liturgias orientais, em muitas referências, dentre as quais afirma que: "E na liturgia bizantina a assunção corporal da Virgem Maria é relacionada diversas vezes não só com a dignidade da Mãe de Deus, mas também com os outros privilégios, especialmente com sua maternidade virginal".[5]

Na Constituição do Papa Pio XII, é relatado um breve hino extraído também de uma festa bizantina, recitada pelos cristãos de tradição constantinopolitana: "Deus Rei do Universo, concedeu-vos privilégios que superam a natureza; assim como no parto vos conservou a virgindade, assim no sepulcro vos preservou o corpo da corrupção e o conglorificou pela divina translação".[6]

No mesmo documento, Pio XII cita São João Damasceno, pois o Santo Doutor da Igreja "se distingue como pregoeiro dessa tradição", e lembra também São Germano de Constantinopla, que é autor do hino das vésperas: "Vinde de todos os confins do Universo, cantemos a bem-aventurada trasladação da Mãe de Deus. Nas mãos do Filho, ela depositou a sua alma sem pecado, com a sua Santa *Dormição* o mundo é vivificado, e é com salmos e cânticos espirituais, em companhia dos anjos e dos apóstolos que Ele a celebra na alegria".[7]

Esse dogma quis ser um ato de culto, na forma mais elevada de exaltação e louvor a Maria. Aquilo que faz o Oriente na forma de liturgia, de hino e de ritos, acontece no Ocidente na forma da proclamação dogmática, que, por assim dizer, quis ser a forma mais solene de hinologia, e primariamente deve, assim, ser compreendida como um ato de culto.

Vale lembrar que o Concílio Ecumênico Vaticano II (1962-1965) nos exorta no Decreto *Unitatis Redintegratio* sobre o Ecumenismo: "Conhecer, venerar, conservar e fomentar o riquíssimo patrimônio litúrgico e espiritual dos orientais é da máxima importância para guardar fielmente a plenitude da tradição cristã e realizar a reconciliação dos cristãos orientais e ocidentais".[8]

Nos parágrafos seguintes, Ratzinger[9] fundamenta e argumenta sobre o significado do culto à Virgem Maria, em suas palavras:

> A proclamação dogmática de 1950 se trata de um ato de culto a Maria, que pretende ser a suprema e constante exaltação da Mãe, e liturgia da fé, por assim dizer, através da forma do dogma. A afirmação de conteúdo aqui feita está totalmente ordenada ao culto, mas o culto, em contrapartida, se serve desse conteúdo e encontra aqui a sua razão mais forte: o culto se liga àquela que vive, que está em casa, que está realmente além da morte e chegou à meta. Podemos também dizer: a fórmula da *Assumpta* explicita aquilo que é o pressuposto íntimo do culto. Ora, todo culto que se dá sob o predicado "sanctus" (-a) tem como pressuposto a vida com o Senhor; apenas tem sentido se aquele que é venerado vive e chegou à meta. Portanto, seria possível dizer que o dogma da Assunção seria simplesmente o mais alto grau de canonização, em que o predicado "santo" é atribuído em seu mais estrito significado, ou seja, com o seguinte significado: total e inteiramente na plenitude escatológica. Com isso, abre-se já o contexto bíblico fundamental que garante, em última instância, toda a afirmação dogmática. Se podemos, de fato, assegurar que o dogma da Assunção apenas transcreve em termos de conteúdo aquilo que é interiormente pressuposto e afirmado no grau supremo do culto, devemos nos recordar, no mesmo instante, que o próprio Evangelho profetiza o culto mariano e o exige: "Doravante, todas as gerações me chamarão de bem-aventurada" (Lc 1,48) – essa é uma missão confiada à Igreja, e o seu registro em Lucas pressupõe que o louvor a Maria já existia na Igreja do seu tempo, e que ele o estende como uma incumbência da Igreja em todas as suas gerações. Ele vê o início desse louvor na saudação de Isabel: "Feliz aquela que acreditou (...)" (Lc 1,45).[10]

Para Clément, a diferença entre o Oriente e o Ocidente é que, para o primeiro, Maria teve de passar, em Cristo, por uma verdadeira morte e ressurreição, enquanto para o segundo, o dogma da Imaculada Conceição, no que diz respeito à morte, o dogma de 1950 não se pronuncia. De fato, tanto para o Oriente quanto para o Ocidente, a suposição é um sinal das últimas coisas. Em Maria, dita "filha de seu próprio Filho", é-nos dada uma antecipação da glorificação de todo o universo, que acontecerá no fim dos tempos, quando Deus será "tudo em tudo", "tudo em todas as coisas".[11]

## 2. A festa da Assunção

A festa da Assunção de Nossa Senhora é uma das mais populares entre os cristãos, tanto no Oriente como no Ocidente. No Brasil, o Santuário Nacional de Aparecida e muitas igrejas têm Nossa Senhora da Assunção como padroeira.

Celebrar a Assunção da Virgem é anunciar que a vitória de Cristo sobre a morte é oferecida a todos, é proclamar a esperança de nossa própria Ressurreição e glorificação com Cristo, nos fins dos tempos. Vivendo já plenamente na comunhão da Santíssima Trindade, Maria é a perfeita imagem do que será a Igreja ressuscitada e glorificada.[12]

O ícone da festa reflete os textos litúrgicos que, para além de uma abordagem histórica, oferecem uma leitura misteriosa do acontecimento, centrada em seu significado profundo. Uma antiga Tradição Patrística, com informações provindas dos apócrifos, deu base ao Ofício Litúrgico do dia 15 de agosto.

Enquanto, no Ocidente, a Solenidade se denomina "Assunção da Virgem Maria", no Oriente, em grego ou eslavo, é a *Dormição* da Mãe de Deus, que se refere aos últimos instantes terrenos da Virgem, quando, segundo a Tradição, os apóstolos se reuniram a seu redor, e Cristo veio buscar sua alma.

A tradição Ortodoxa prefere o termo *Dormição* ao da Assunção, porque a Mãe de Deus passa pela morte para mostrar o poder da Ressurreição de seu Filho. O sepultamento de seu corpo incorruptível, pois Maria é a Toda Pura, faz com que ela participe do esvaziamento voluntário (em grego, *kenosis*) de seu Filho, mas também de sua elevação. E a Virgem Maria se torna o primeiro ser humano a ser assumido dessa maneira.[13] Maria foi elevada aos céus, Ascensão só o Cristo, por esse motivo, a iconografia do primeiro milênio apresenta a Virgem Mãe elevada por seu Filho.

A *Dormição* é a última das grandes festas do ano litúrgico bizantino. Preparada durante duas semanas, chamadas de Quaresma da Mãe de Deus, a festa celebra a morte, o sepultamento e a plena glorificação no céu daquela que é a Mãe da Vida, Jesus Cristo, Deus e Homem. Na Igreja Católica Ortodoxa, o Ano Litúrgico começa na primeira semana de setembro, cuja primeira festa é em 8 de setembro, a Natividade da Virgem, e termina em 15 de agosto, com a *Dormição* da Santíssima Mãe de Deus e sempre Virgem Maria.

A liturgia na tradição eclesial bizantina é considerada como a porta real, pela qual é preciso passar para colher o espírito da Ortodoxia; sua função catequética de educação espiritual e estética, na liturgia bizantina, é de fundamental importância.[14]

Jean Meyndorff destaca: "Na forma definitiva, assumida no século IX, o sistema hinográfico bizantino é uma enciclopédia poética de espiritualidade e teologia patrística [...]. A Liturgia da Igreja, um drama sagrado que envolve a totalidade do homem, deve assumir e transformar todas as formas de sentimento humano e não se limitar a satisfazer tão somente a exigência intelectual. A alternância e a correlação entre os diversos aspectos da experiência religiosa são provavelmente o segredo da influência duradoura exercida pela hinografia da Igreja bizantina sobre gerações de almas humanas".[15]

Os textos da liturgia de caráter cristológico e eclesiológico abundam na exegese de muitas passagens do Antigo Testamento, propondo especialmente imagens bíblicas aplicadas a Maria e a seu papel, no mistério da encarnação do Filho e Verbo de Deus.

Manuel Nin[16] esclarece que liturgia da festa da *Dormição* ou, conforme conhecemos, da Assunção é também uma confissão de fé na verdadeira Encarnação do Verbo de Deus, verdadeiro Deus e verdadeiro homem: e a Ascensão de Cristo enfatiza a verdadeira natureza divina, a *Dormição* e a Assunção ao céu de sua mãe, enfatiza a verdadeira natureza humana: "convinha que as testemunhas oculares e ministros da Palavra também vissem a *Dormição* da Mãe, segundo a carne, o último dos mistérios a este respeito, para que não resultassem apenas espectadores da Ascensão do Salvador, da terra para o céu, mas também o trânsito daquela que o havia gerado". Os textos enfatizam a relação materna de Maria com seu Filho, mas também o relacionamento conjugal: "A noiva imaculada e mãe do beneplácito do Pai, aquela que foi escolhida por Deus, como lugar da sua união, sem confusão, entrega hoje a alma imaculada a Deus, o Criador".[17]

Ainda, segundo Nin, a exegese cristológica e mariológica, especialmente dos salmos, está muito presente nos textos litúrgicos da Festa da *Dormição*, também chamada *Transitus Mariae*. Vários tropários ecoam o Sl 30,6: "Em tuas mãos entrego meu espírito, Senhor, Deus fiel", aplicada ao trânsito de Maria ao céu, e também destacam no ícone da festa a alma de Maria acolhida nos braços do Filho: "Ela, que reina sobre todos, entrega sua alma nas mãos do Filho. Deposta tua alma nas mãos de alguém que, teu Criador e Deus, por meio de ti, por nós se encarnou, nas mãos daquele que por meio dela, sem sêmen, se encarnou".[18]

Pela beleza poética, os fiéis acompanham a liturgia e, na contemplação dos ícones e mosaicos da Festa da *Dormição*, eles apreendem o mistério do trânsito da Virgem Maria e o profundo significado da morte no cristianismo.

Essa festa permaneceu comum no Oriente e no Ocidente, por mais de um milênio. Há representações iconográficas na Basílica Santa Maria Maior (fig. 1) e na Basílica Santa Maria em Trastevere (fig. 2), ambas em Roma. O termo Assunção, que provém da França, é bem mais tardio.[19]

Figura 1: Jacoppo Torriti. *Dormição da Virgem*. Mosaico. Basílica Santa Maria Maggiore. Roma, Itália. 1296.

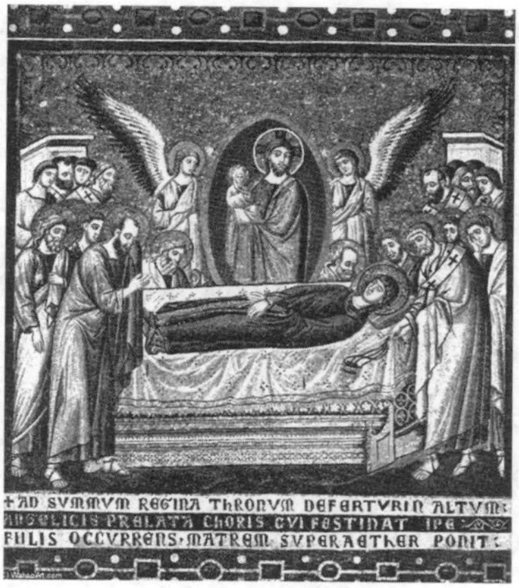


Figura 2: Pietro Cavallini. *Dormição da Virgem*. Mosaico. Basílica de Santa Maria em Trastevere. Roma, Itália. Séculos XIII-XIV.

## 3. A Dormição na homilia de Nicolas Cabasilas

Nicolau Cabasilas (1320-1390), teólogo leigo bizantino grego, escreveu três homilias em honra da Virgem Maria: uma homilia sobre a Natividade da Virgem, uma sobre a Anunciação e uma sobre a *Dormição*. Nessas homilias, Cabasilas mostra-se um teólogo profundo e original e um estilista muito habilidoso... No que diz respeito à teologia como um todo, esses três discursos merecem ser classificados em primeiro lugar de tais obras.

Segundo Spiteris, nas três Homilias Marianas, Cabasilas delineia um verdadeiro e próprio tratado sobre mariologia, inserindo-o no contexto geral da história da salvação tal como é concebida por ele. Só podemos ter uma ideia da mariologia de Cabasilas, se a colocarmos ao lado de seu cristocentrismo. De fato, as Homilias Marianas poderiam constituir um capítulo da Vida em Cristo, pois são duas obras complementares. Cabasilas, de fato, possui uma visão grandiosa da Mãe de Deus dependente de Cristo, mas inseparável dele e necessária a Ele; assim, se falamos de um "cristocentrismo", no pensamento cabasiliano, ele deve agora ser completado delineando seu "marianocentrismo".[20]

Para Cabasilas, a Virgem Maria, a Toda Santa foi 'escolhida' por Deus, juntamente com Cristo, desde toda a eternidade para realizar o seu desígnio, e foi escolhida não só porque era a 'melhor', mas 'absolutamente a melhor'. A primeira a usar plenamente esse poder (a Graça) para permitir que Deus a transformasse n'Ele foi a Virgem, que, unindo-se a Deus, representou não apenas a si mesma, mas toda a humanidade. De fato, através da Virgem, o homem demonstrou claramente que dentro dele havia uma força oposta ao pecado e a colocou em prática. Do início ao fim de sua vida, ela permaneceu intocada por todo o mal, graças à sua atenção vigilante, sua firme vontade e sua grande prudência.[21]

Os componentes doutrinários do mistério celebrado são aqueles que estão presentes há séculos em toda a tradição bizantina: a morte, a ressurreição e a entrada da Virgem na vida eterna, com alma e corpo. Cabasilas justifica esses momentos finais da vida terrena da Mãe de Deus, recorrendo à analogia ao Cristo: "Era necessário que ela partilhasse, juntamente com seu Filho, tudo o que o desígnio de Deus nos previa... Assim, ela foi a primeira a tornar-se em todos os aspectos, por semelhança, com a morte do Salvador. E, portanto, antes de tudo, ele também foi um participante de sua ressurreição".[22]

A consequência da morte é a separação da alma do corpo, e a própria Virgem passou por essa fase, mas somente durante o curto período em que o corpo permaneceu escondido no sepulcro. Esse detalhe também é apresentado com base na analogia a Cristo: "Era necessário que aquela alma toda santa fosse separada de seu corpo santíssimo. Pois Ele se separou e se uniu à alma do Filho: a segunda luz da primeira Luz. Mas esse corpo, que estava na Terra há algum tempo, também migrou para fora do mundo. Pois era necessário que ela passasse por todas as etapas, pelas quais o Salvador passara, e brilhasse para os vivos e os mortos, santificasse a natureza em todos os sentidos e, finalmente, obtivesse o lugar que lhe convinha. O túmulo a teve por pouco tempo, mas então o céu recebeu essa nova terra, ou seja, o corpo espiritual, o tesouro de nossa vida, esse corpo mais venerável que os anjos, mais santo que os arcanjos. *Ao Rei foi restituído o trono, ao bosque a vida paradisíaca, o disco à luz, a árvore ao fruto, a Mãe ao Filho, correspondendo em tudo àquele que é sua descendência*".[23]

Na Mulher revestida de sol, parto eclesial, tudo converge para o mistério do Theotokos: em sua humanidade e em toda a existência cósmica, acolheram seu Criador, nela agora, a Mãe de toda a Vida passada à Vida, como diz o Ofício da *Dormição*, não só a humanidade, mas toda a existência cósmica encontra sua realização escatológica, seu cume pessoal, que não cessa de interceder junto de todos os santos pela salvação da Criação. Na Virgem, o Cosmo sofredor e salvo encontrou finalmente um rosto, o rosto melancólico e doce da terra espiritual, florescendo com estrelas. Há todo um aspecto da salvação, o aspecto da cura e da ternura – em que se expressa a 'ternura materna' de Deus – que deve ser evocado aqui, ligando-o, profundamente, aos carismas próprios das mulheres.

## 4. O ícone

Figura 3: *Dormição de Maria*. Theophano, o grego, 1392.
Tretiakov Moscou.

As narrativas da *Dormição* fazem parte dos escritos apócrifos do Novo Testamento, que constituem uma literatura florescente nos primeiros séculos da Igreja. O desenvolvimento desses relatos sobre a morte da Mãe de Deus deve-se ao Concílio de Éfeso (431), que fixou a atenção sobre a eminente dignidade da Virgem Maria. Nesse Concílio, Maria recebeu o título de Theotokos, quer dizer, a Mãe de Deus.

O relato geral sobre o destino de Maria é semelhante nesses textos apócrifos, apenas com certas variações. Maria recebe o anúncio de sua morte, pelo Arcanjo Gabriel, que lhe dá uma palma. Ela prepara então tudo o que é necessário e profere sua última oração. Os apóstolos e discípulos são milagrosamente transportados pelas nuvens. Os doentes reúnem-se perto da casa de Maria em Jerusalém, onde muitas maravilhas se manifestam. Jesus aparece para acolher sua mãe, acompanhado por falanges celestes. Recebe então a alma de Maria.

Há uma analogia entre o ícone da *Dormição* de Maria e o ícone da Anastasis, a Ressurreição de Cristo (fig. 4). As imagens ocidentais distinguem na vida de Cristo dois momentos: primeiro, a descida aos infernos, e, depois, a Ressurreição (fig. 5). No Ocidente pós-Renascimento, a iconografia apresenta o corpo ressuscitado voando autônomo, que, segundo esclarece

Evdokimov, não existe, é uma abstração que a Bíblia não conhece.[24]

Figura 4: *Anastasis La Descente aux Limbes (la Résurrection).* Paris, collection Abou Adal.

Figura 5: Ressurreição Rafael Sanzio. *Ressurreição de Cristo.* Museu de Arte Sacra de São Paulo (1499-1502).

No Oriente, ao contrário, a mesma descida aos infernos já é a Ressurreição, porque a morte é superada por meio da morte.[25] Pela morte, o Cristo venceu a morte!

Nas imagens de igrejas barrocas, Nossa Senhora é apresentada solenemente enquanto ascende ao céu sobre um túmulo vazio, em torno do qual germinam flores. Os apóstolos surpresos olham para o alto. Há ícones em que essa cena está em uma composição circular, como algo particular, acima da cena central, a da passagem de Maria. Aqui são os apóstolos e não a Mãe de Deus a voar, porque segundo narrações apócrifas os apóstolos foram milagrosamente transportados para assistir ao extraordinário evento, a Assunção da Virgem.[26]

Alguns ícones (fig. 6) apresentam uma cena estranha: um homem em frente e abaixo do leito fúnebre, que quer tocar com a mão o corpo da Mãe de Deus, mas um anjo lhe corta as mãos com a espada. A lenda expressa de modo ingênuo com severa advertência: o interdito de se aproximar dos mistérios da vida do além, com a mesma curiosidade e com os mesmos métodos de conhecimentos que são reservados ao mundo fenomênico.[27]

Figura 6: Ícone. *Dormição da Theotokos*. Século XVI, escola de Tver, Galeria Tretiakov, Moscou.

No ícone da *Dormição,* a Virgem Mãe, que deu à luz o Rei dos reis, é apresentada deitada coberta por uma majestosa camada coberta de púrpura, cuja posição horizontal contrasta com a vertical de Cristo, preenchendo o centro da composição.

Se a Mãe de Deus aparece mais frequentemente em ícones com o Menino, que dá ao mundo em seus braços, Cristo aqui carrega seu corpo espiritual, transferindo a mãe da vida para a vida. A alma de Maria está nas mãos de Cristo, como está escrito no livro da Sabedoria 3,1: "A alma dos justos está nas mãos de Deus". Cristo tem nas mãos a alma de sua Mãe, e a segura com a mesma ternura com que ela tinha nos braços o Deus encarnado, o Menino Jesus. Observamos a realidade da morte: a alma sai do corpo, mas não desce ao *sheol*, aos infernos, como corresponderia à concepção hebraica, nem mesmo sai direto para o céu.

Existe algo surpreendente e dogmático e mais profundo no ícone. A Mãe de Deus não está na cena central subindo aos céus. Ao contrário, é Cristo que desce à Terra em Glória, cercado de querubins, assim como será no final dos tempos.

E a passagem desta vida a outra se efetua, portanto, por meio de Cristo, de sua Presença. Por sua Mãe, a última vinda de Cristo é de certa forma antecipada, porque Maria é o *escathon*, quer dizer, a última perfeição da Criação. Assim, a Igreja encontra aqui sua melhor expressão para a Segunda Vinda de Cristo à Terra: é a realidade do futuro que se espera, porém para os Santos está sempre já presente.

A *Dormição* da Mãe de Deus é a expressão firme dessa esperança, plena de certeza. O significado de tal ícone pode ser expresso por este pensamento de Cristo: "Se a Mãe me deu um corpo físico, agora eu lhe dou a vida eterna".[28] De fato, se a figura central no ícone da Natividade era a Virgem, aqui, Cristo tem nos braços a Mãe como uma criança, isto é o novo nascimento da Virgem.

Deus é amor (1Jo 4,8), e tudo o que está envolvido no amor passa para a eternidade porque está escrito: que o amor dura eternamente (1Cor 13,8). Passa-se para a eternidade com cada gesto de amor realizado, pois cada gesto de amor passa de fato à eternidade, para a memória eterna de Deus. O amor torna eternas as coisas. Maria, que pelo *fiat,* na Anunciação, foi penetrada pelo amor divino, não poderia ter seu corpo subjugado à corrupção da terra. A *Dormição* é o grande mistério, pleno de esperança para todos os nossos pequenos gestos de amor.[29]

A liturgia da festa não se limita a assinalar a morte de Maria, ultrapassa essa dimensão ao celebrar a passagem de Maria ao céu em corpo e alma. Isso está claramente representado no ícone da *Dormição.* Maria pode ser considerada como aquela que tem uma morte santa, ela é nosso modelo na prova da morte. A passagem de Maria em corpo e alma ao céu é uma antecipação da ressurreição geral. É a festa da natureza humana: todo crente deve tomar Maria como modelo para alcançar a deificação.

## Considerações finais

A Assunção "comemora um fato e atualiza a doutrina e projeta sobre nossa vida transitória uma luz de eternidade. Esse fato, embora não relatado pela Escritura, tornou-se uma realidade na consciência da Igreja por meio da Tradição. Maria, que é mulher e que morre na terra, assim como todo ser humano, alcança seu Filho, que é Deus e que está no céu. Ademais, essa mulher que podemos legitimamente chamar de representante da humanidade, enquanto Nova Eva, mulher perfeita, enquanto Pura Mãe de Deus, não perdeu nenhum de seus atributos naturais, não se abstraiu em alguma alegoria impalpável: ela permanece Maria. Mas o que ela é, no resplendor de seu ser real, esse mistério nos é revelado nas festas.[30]

Figura 7: Dormição de Maria. Fachada Sul do Santuário Nacional de Aparecida, Aparecida-SP. Foto de Thiago Leon.

Última das doze grandes festas da Igreja Ortodoxa, essa imagem nos faz atentos à passagem da morte que a Igreja quer fixar na mente dos fiéis. Na forma de um afresco, mosaico ou ícone, alterna com o do Juízo Final, na fachada acima da porta de saída das igrejas ortodoxas, bem como no Ocidente, até bem depois do cisma do século XI.

Jesus Cristo, aquele que se entrega na Eucaristia, é o mesmo que voltará no dia de nossa morte e para o Juízo Final, no fim dos tempos, quando separará os bons dos maus, dizendo: "O que fizestes a um destes pequeninos, a mim fizestes" (Mt 25,40).

As imagens da *Dormição*, aqui apresentadas, cujos símbolos unem o mundo sensível ao suprassensível, reduzem a distância e permitem viver um tipo de contemporaneidade. É uma realidade espiritual onde espiritual é tudo o que, na ação do Espírito Santo, se fala de Deus, se recorda de Deus, se comunica com Deus e se conduz a Deus.

O povo, em geral, e os romeiros brasileiros, habituados às imagens barrocas, dispõem agora da fachada Sul do Santuário Nacional de Aparecida, diante da qual podem contemplar o belíssimo mosaico da *Dormição*, localizado no centro do terraço, logo abaixo do grande vitral. Como uma grande Bíblia aberta, com formas e cores, as cenas dos mosaicos nos apresentam toda a história da Virgem Maria; do nascimento, morte e Ressurreição do Senhor e de seus apóstolos, essa é também nossa história, a história de todos os batizados, que seguem no caminho do Reino.

Figura 8: Fachada Sul do Santuário Nacional de Aparecida, Aparecida-SP. Foto de Carlos Rodrigues.

Os mosaicos das fachadas do Santuário são realizados por uma equipe de artistas brasileiros e estrangeiros, somando ao todo 14 nacionalidades. A riqueza de culturas forma também um grande mosaico de criatividade, de onde surgem imagens bíblicas, cujas cenas são pouco conhecidas por nós, povo da América Latina. As cenas são sempre relacionadas umas às outras, nunca isoladas.

Elevada ao céu por seu Filho Jesus Cristo, Maria, em alguns textos litúrgicos, é nossa "Terra Prometida". A *Dormição*-Assunção antecipa a parousia, e não é por acaso que nos grandes afrescos, que embelezam as paredes externas das igrejas monásticas moldávias, o tronco de Jessé se torna uma imensa sarça cósmica ardente. O recrutamento antecipa e prepara nosso destino comum. No corpo da Virgem, simbolicamente sepultado pelos apóstolos, naquele corpo trazido para a luz original e terminal, toda a Criação é assumida pelo Incriado, toda a carne da terra torna-se a Eucaristia. Como João Damasceno, então, também nós podemos dizer: "Alegrai-vos, semente divina da terra, jardim em que foi colocada a Árvore da Vida!"[31]

Na Mulher revestida de sol, parto eclesial, tudo converge para o mistério da Theotokos. Na Virgem, o Cosmo sofredor e salvo encontrou, finalmente, um rosto, o rosto melancólico e doce da terra espiritual, florescendo com estrelas. Há todo um aspecto da salvação, o aspecto da cura e da ternura – onde se expressa a 'ternura materna' de Deus –, que deve ser evocado aqui, ligando-o, profundamente, aos carismas próprios das mulheres.

*Wilma Steagall de Tommaso*

Doutora em Ciências da Religião, pela Pontifícia Universidade Católica de São Paulo. Professora no Museu de Arte Sacra de São Paulo (MAS-SP); Pesquisadora e Coordenadora do grupo de pesquisa Arte Sacra Contemporânea: História e Religião, no LABÔ (Laboratório de Política, Comportamento e Mídia) PUC-SP; Membro Pesquisadora da Sociedade Brasileira de Teologia e Ciências da Religião (SOTER).

# NOTAS

[1] René Laurentain, p. 50.
[2] Santo Epifânio de Salamina. *Os últimos dias da Virgem Maria.*
[3] Cf. René Laurentain, p. 149.
[4] Ratzinger, Joseph. *A filha de Sião*, p. 57.
[5] Constituição Apostólica do Papa Pio XII – *Munificentissimus Deus* – sobre a definição do dogma da Assunção de Nossa Senhora em corpo e alma ao céu.
[6] Idem.
[7] DONADEO, 1988, p. 66.
[8] Decreto *UNITATIS REDINTEGRATIO* sobre o Ecumenismo, n. 15. Papa Paulo VI, 1964.
[9] Ratzinger, Joseph. *A filha de Sião*, p. 58-59.
[10] Ratzinger, Joseph. *A filha de Sião*, p. 58-59.
[11] Olivier Clément, p. 31.
[12] João Marcos, p. 49.
[13] M. Quenot, 2004, p. 96.
[14] DONADEO, 1988, p. 12.
[15] In: DONADEO, 1988. p. 12.
[16] *P. Manuel Nin. Bispo Titular de Carcabia, Exarca Apostólico.*
[17] NIN. *Celebriamo colei che ha partorito il beneffatore*, 2016, s/n.
[18] NIN. *Celebriamo colei che ha partorito il beneffatore*, 2016, s/n.
[19] DONADEO, 1988, p. 67.
[20] SPITERIS, p. 12.
[21] CABÀSILAS, p. 124.
[22] CABÀSILAS, p. 122.
[23] CABÀSILAS, p. 152-153.
[24] Paul Evdokimov, p. 110.
[25] RUPNIK, Marko Ivan; ŠPIDLÍK, p. 101.
[26] RUPNIK, Marko Ivan; ŠPIDLÍK, p. 101.
[27] RUPNIK, Marko Ivan; ŠPIDLÍK, p. 103.

[28] RUPNIK, Marko Ivan; ŠPIDLÍK, p. 103.
[29] Cf. RUPNIK, Marko Ivan; ŠPIDLÍK. p. 104.
[30] DONADEO, 1988, p. 66-67.
[31] Olivier Clément. Dormizione e Assunzione della Vergine.

# BIBLIOGRAFIA

CABÀSILAS, Nicola. *La Madre di Dio*: tre omelie mariane. Teolo: Edizioni Scritti Monastici, 1997.

CLÉMENT, Olivier. *Il senso della terra*. Il creato nella visione cristiana. Roma: Lipa Edizioni, 2007.

DONADEO, Maria. *O ano litúrgico bizantino*. São Paulo: Editora Ave Maria,1988.

DONADEO, Maria. *Os ícones de Cristo e dos Santos*. São Paulo: Editora Ave Maria, 1998.

EVDOKIMOV, Paul. *El arte del Icono*: teología de la belleza. Madrid: Publicaciones Claretianas, 1991.

ICÔNES: le monde orthodoxe après Byzance. Sous la direction de Tania Velmans. Paris: Editions Hazan, 2005.

LAURENTAIN, René. *Court traité sur la Vierge Marie*: la crise de l'après concile et l'avenir de Marie dans l'Église. Sixième édition mise à jour et augmentée. Paris: François-Xavier de Guibert, 2009.

MARCOS, José João dos Santos. *A beleza da Virgem Maria*: 12 catequeses sobre Nossa Senhora. Lisboa: Paulus Editora, 2017.

QUENOT, Michel. *Les icônes des 12 grandes Fêtes*. Saint Maurice: Éditions Saint-Augustin, 2004. Suisse.

RASTZINGER, Joseph. *A filha de Sião*: A devoção mariana na Igreja. São Paulo: Paulus Editora, 2013.

RAVASI, Gianfraco. *Os rostos de Maria na Bíblia*. Tradução Maria Pereira. Lisboa: Paulus Editora, 2008.

RUPNIK, Marko Ivan; ŠPIDLÍK, Tomas. *La fede secondo le icone*. Roma: Lipa, 2000.

SPITERIS, Yannis. *Cabasilas: teólogo e místico bizantino*. Nicola Cabasilas Chamaetos e la sua sintesi teologica. Roma: Lipa Edizioni,1996.

**Sites consultados**

Decreto ***UNITATIS REDINTEGRATIO*** sobre o Ecumenismo: https://www.vatican.va/archive/hist_councils/ii_vatican_council/documents/vat-ii_decree_19641121_unitatis-redintegratio_po.html acessado em 27 de maio de 2024.2

Celebriamo colei che ha partorito il beneffatore di Manuel Nin. https://www.vatican.va/content/osservatore-romano/it/comments/2018/documents/celebriamo-colei-che-ha-partorito-il-benefattore.html Acessado em 27 de maio de 2024

Olivier Clément. *Dormizione e Assunzione della Vergine*. http://www.internetica.it/assunzione.htm acessado em 28 de maio de 2024.

Santo Epifânio de Salamina (?-403). Os últimos dia da Virgem Maria. https://www.ecclesia.org.br/biblioteca/

pais_da_igreja/s_epifanio_os_ultimos_dias_de_maria.html acessado em 28 de maio de 2024.

## Créditos das imagens

**Figura 1**: *Dormição de Maria*. Ícone. Monastério de Santa Catarina. Monte Sinai, Egito. Século XIII. Disponível em <https://commons.wikimedia.org/wiki/File:Koimesis_Icon_Sinai_13th_century.jpg>

**Figura 2**: Pietro Cavallini. *Dormição da Virgem*. Mosaico. Santa Maria in Trastevere. Roma, Itália. Séculos XIII-XIV. Disponível em <https://it.wahooart.com/@@/8Y35YM-Pietro-Cavallini-Arco-absidale:-6.--Dormizione-della-Vergine>

**Figura 3:** *Dormição de Maria. Ícone russo, s/n. Final do século XV. Disponível em https://pl.wikipedia.org/wiki/Zaśnięcie_Matki_Bożej_(ikona_szkoły_nowogrodzkiej)* Acessado em 03 de junho de 2024.

**Figura 4:** Yusuf al-Musawwir. *Anastasis La Descente aux Limbes* (la Résurrection). Paris, collection Abou Adal*.

---

* Tania Velmans. L'icône post-byzantine em Orient Chrétian, p. 183.

**Figura 5:** Rafael Sanzio. Ressurreição de Cristo. Óleo sobre tela. Museu de Arte de São Paulo. São Paulo-SP. https://masp.org.br/acervo/obra/ressurreicao-de-cristo Acessado em 29 de maio de 2024.

**Figura 6:** Dormição da Theotokos. Ícone bizantina. Disponível em http://pt.byzantineiconart.com/news/dormition-of-the-theotokos-4815444.html
Acessado em 29 de maio de 2024.

**Figura 7:** Dormição de Maria. Mosaico. Fachada Sul do Santuário Nacional de Aparecida. Foto de Thiago Leon. Aparecida-SP, 2024.

**Figura 8:** Fachada Sul do Santuário Nacional de Aparecida. Foto de Carlos Rodrigues. Aparecida-SP, 2024.

## ÍNDICE

Este livro foi composto com as famílias tipográficas Segoe UI e Lithos Pro
e impresso em papel 70g/m² pela **Gráfica Santuário.**